いのち　あきらめない

YOH Shomei

日本標準

あきらめない。
生きるのを
あきらめない。

あきらめない。
あきらめない。
人生を
あきらめない。

あきらめないで
生き続ける。

人は、
生きるために
この世にやってきた。

やるべきことをし、
やりたかったことをする。
そのために人生がある。

そのために、
この身体があり、
いのちが、ある。

あなたは、
今、生きている。
まだ、人生の結論を
出すことはない。

なぜなら、
この先に
新しい夢、
新しい未来、
新しい喜びが
待っているから。

しかし、それも
生きてこそ。
だから、
生きることを
あきらめない。

生きることだけは
あきらめない。

この世の
あらゆることは
生きていて
はじめて味わえる。

この人生が
どんなものであったかは、
生き抜いたあとに
わかること。

生と死の
ぎりぎりのところでしか
わからぬこともある。

しかし、
それもまた
生き抜いていてこそ
わかること。

人は、
なぜ、
この世に
生まれてきたか？

生きる意味、
生きる目的は何か？
それを
知りたくはないか？

あなたが生きること、
生きていることには
おおいに意味がある。

生きるのは
自分だけのためではない。
両親、家族、友人、知人、
多くの人たちの
ためでもある。

あなたが
この世に生きていることで、
なんとたくさんの人が
喜びを得ているか。
両親、家族、友人たち…

生きることを
あきらめない。
あきらめない者には
天の助けがある。
人の助けがある。

あなたは、決して
一人ぽっちで
放って置かれてはいない。
この世にすでにいない人も
あなたが生きて
幸せでいることを願っている。

生き抜きなさい！
そして、
この人生を
心から楽しみ、
豊かなものにしなさい！と
・・・
あちらから声援を送っている。

そして、
なによりも誰よりも、
あなた自身の魂が、
あなたに
生きよ！と
告げている。

まだ、この世を
去る時ではない、
まだあなたは
真に生きることを
していない！と。

人の世の
苦しみはさまざま。
病気、経済、人間関係、
心の迷い、気の迷い…

夢破れる苦しみ、
願い叶わぬ苦しみ、
大切なものを失う苦しみ。

宇宙は
バランスで成り立っている。
人生も
良いことばかりではないし、
悪いことばかりでもない。

物事を長い目で見る。
今だけの判断で
ぜんぶひっくり返そう、なんて
思ってはいけない。

永遠に続く
苦しみはないし、
永遠に続く
悲しみもない。

POST CARD

おそれいりますが
50円切手を
お貼りください

167-0052

東京都杉並区南荻窪3-31-18
日本標準　出版事業部
書籍事業課　行

お名前

年齢　　　　歳

性別　男性・女性

ご住所
〒

TEL　　　　－　　　　－

ご職業

1. 学生（大・高・中・小・その他）2. 教職員　3. 会社員　4. 公務員
5. 自営業　6. 主婦　7. その他（　　　　　　　　　　）

＊このはがきでいただいたご住所やお名前などは、企画の参考および商品情報をご案内する目的でのみ使用いたします。他の目的では使用いたしません。

葉 祥明　愛読者カード

ご意見、ご感想などお寄せください。

ご購入の書名（　　　　　　　　　　　　　　）

この本をどのようにしてお知りになりましたか。

1. 書店で見て　　2. 知人のすすめで　　3. プレゼントされて

4. 新聞・雑誌を見て（新聞・雑誌名　　　　　　　　　）

5. その他（　　　　　　　　　　　　　　）

この本をお買い上げになった書店名

都道府県　　　　市区町村　　　　　　　　書店

この本についてのご意見、ご感想をお聞かせください。

今後、出版を希望されるテーマがありましたらお書きください。

ありがとうございました。

この世そのものが
ひとつの夢。
永遠の目から見れば、
すべては
一瞬のできごと。

身体は
養わなくてはいけない。
身体をないがしろにすると
弱ってしまう。
身体をかえりみないと
いのちは身体から
去ろうとする。

あなたは肉体ではない。
あなたは肉体を生かし
動かしている
スピリットに他ならない。
スピリットは、永遠で不滅の存在。

生きていくのは
さぞ苦しかったろう。
独りぽっちは
辛かったろう。

しかし、
人は決して
この世を去りたい
わけではない。
苦しみから、ただ
逃れたいだけだ。
そのことを理解しよう。

生きることをあきらめない。
あきらめないで待ちなさい。
今は、待つこと。
それがあなたの
やるべきことだ。

いいかね。
あきらめないで
その時が来るのを
待ちなさい。

生きなさい。
生き抜きなさい。
いのちのある限り、
生き続けなさい。
生きていれば、・・・
必ずその時は、来る。

その時が来れば
変化が起こる。
そうすれば、
すべてが、変わる。

あきらめない。
あきらめない。
かけがえのない
いのち、
あきらめない。

あなたにとって、
この世で最も
大切なものは何か？

それは、いのちだ。
いのちこそ、
この世での
「あなた」だからだ。

お金や地位や名声、
財産や仕事は
いのちの後に
続くものでしかない。

いのちを失ったら
すべてが無くなる。
歓びや幸せはもちろん、
苦しみや悲しみでさえも。

いのちは、
身体に宿って
はじめて動ける。
大切にすべきは
身体だ！

自分を愛し
いのちを愛し
人生を愛し
希望を持って
生きなさい。
生き続けなさい！

日本標準発行の『葉 祥明』の著書一覧

＊定価は税込価格です。（　　）内は本体価格です。

ことばの花束
978-4-8208-0063-7[2003]B6 変型 /32 頁 /1050 円（1000 円）

ことばの花束 II
978-4-8208-0064-4[2003]B6 変型 /32 頁 /1050 円（1000 円）

ことばの花束 III
978-4-8208-0065-1[2003]B6 変型 /32 頁 /1050 円（1000 円）

人間関係に疲れた日、自己嫌悪に陥った日……。そんなときあなたを救ってくれることばがある。葉祥明が「ことば」の持つ本当の意味をひもとき、生きる力を与えてくれることばにかえて贈る。

ことばの花束 3 つのブーケ　（ことばの花束 3 巻セット）
978-4-8208-0066-8[2003]B6 変型 / ケース付き /3150 円（3000 円）

しあわせことばのレシピ
978-4-8208-0259-4[2005]A5 変型 /56 頁 /1470 円（1400 円）

葉祥明が『ことばの花束』に続いて贈る、すべての女性への祝福にあふれたことば集。

しあわせ家族の魔法の言葉
978-4-8208-0301-0[2007]A5 / 56 頁 /1470 円（1400 円）

毎日のあいさつを心をこめて使いたい。家族が幸せでいられるための“魔法の言葉”。

奇跡を起こすふれあい言葉
978-4-8208-0314-0[2008]A5 変型 /56 頁 /1470 円（1400 円）

「ふれること」「ふれあうこと」という根源的な欲求が満たされにくい現代人に贈る癒しの世界。

無理しない
978-4-8208-0372-0[2008] 四六変型 /100 頁 /1260 円（1200 円）

気にしない
978-4-8208-0415-4[2009] 四六変型 /100 頁 /1260 円（1200 円）

急がない
978-4-8208-0438-3[2010] 四六変型 /104 頁 /1260 円（1200 円）

比べない
978-4-8208-0462-8[2010] 四六変型 /104 頁 /1260 円（1200 円）

いのち あきらめない
978-4-8208-0471-0[2010] 四六変型 /104 頁 /1260 円（1200 円）

三行の智恵―生き方について
978-4-8208-0425-3[2009]
A6 変型 /104 頁 /1050 円（1000 円）

三行の智恵―人との関わり方
978-4-8208-0426-0[2010]
A6 変型 /104 頁 /1050 円（1000 円）

三行の智恵―心の平和のために
978-4-8208-0463-5[2010]
A6 変型 /104 頁 /1050 円（1000 円）

三行の智恵―人として生きる
978-4-8208-0467-3[2010]
A6 変型 /104 頁 /1050 円（1000 円）

ージ

＊定価は税込価格です。
（　　）内は本体価格です。

い』
04 頁／1260 円（1200 円）

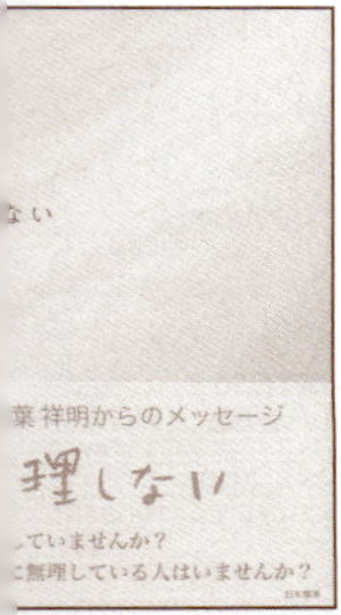

ない』
0 頁／1260 円（1200 円）

『三行の智恵―人として生きる』
A6 変型／104 頁／1050 円（1000 円）

『三行の智恵―心の平和のために』
A6 変型／104 頁／1050 円（1000 円）

『三行の智恵―人との関わり方』
A6 変型／104 頁／1050 円（1000 円）

『三行の智恵―生き方について』
A6 変型／104 頁／1050 円（1000 円）

この 4 冊には、読者に生きていく勇気や力を与えるメッセージがあふれている。
さりげない言葉のなかに、読み返して心を震わせ、声にして胸にしみこんでくるものがある。次の一歩を踏み出すための心の持ち方をやさしく説いている。

『葉 祥明』からの心にしみるメ

『無理しない』『気にしない』『急がない』『比べない』、そして『いのち あきらめない』と続いて刊行された5冊には、「自分を大切にしなさい」「命を大切にしなさい」という力強いメッセージがあふれている。

人の命の尊厳に気づかせてくれる言葉の数々が、読者に勇気と安心を与えてくれる。

『いのち あきらめない』
四六変型／104頁／1260円（1200円）

『比
四六

『急がない』
四六変型／104頁／1260円（1200円）

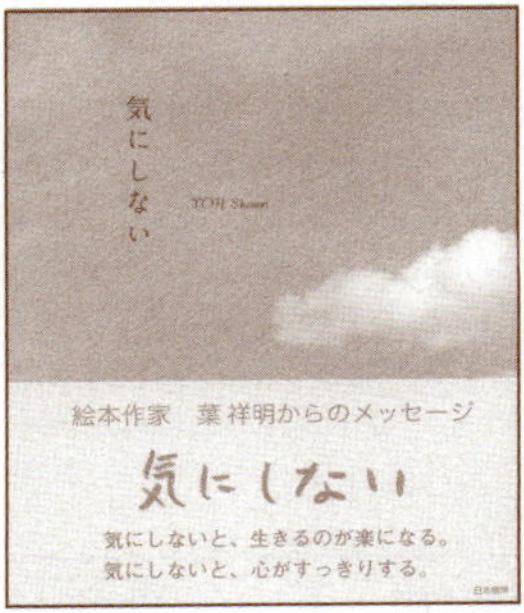

『気にしない』
四六変型／100頁／1260円（1200円）

『無
四六

日本標準が発行している

『葉 祥明』の本

2010 年 10 月現在

「心がいっぱいいっぱいのとき、優しい言葉に救われました。」

「一言一言に励まされ、勇気づけられました。」

「落ち込んでいたときに、希望の光が見えたようでした。」

「生きていく自信を与えてもらいました。」


……………

葉祥明さんの『言葉の力』に感動と感謝の声が数多く寄せられています。

葉 祥明　（よう・しょうめい）

画家・絵本作家・詩人。1946 年熊本生まれ。

「生命」「平和」など、人間の心を含めた地球上のあらゆる問題をテーマに創作活動を続けている。

1990 年『風とひょう』で、ボローニャ国際児童図書展グラフィック賞受賞。

主な作品に、『地雷ではなく花をください』シリーズ（自由国民社）、『おなかの赤ちゃんとお話ししようよ』（サンマーク出版）、『心に響く声』（愛育社）、『Blue Sky』（作品社）、『ことばの花束』シリーズ、『無理しない』『気にしない』『急がない』『比べない』『いのち あきらめない』『三行の智恵』（日本標準）ほか多数。

日本標準　〒167−0052　東京都杉並区南荻窪 3-31-18
TEL 03-3334-2620 / FAX 03-3334-2623
http://www.nipponhyojun.co.jp/　e-mail:shoseki@nipponhyojun.co.jp

この世はあまりに美しい。
去るには惜しい。
荘厳な夕焼けの空、
神秘的な星の瞬《またた》き、
野に咲く可憐な花を
見てごらん。

いのちと身体は
別ものだが、
二つが溶け合ってはじめて、
人はこの世で生きることが
できるようになる。

いのちを大切にすることは、
身体を大切にする、ということだ。
人は身体なしでは
この世では生きられぬ。

病気であれ、
人生上の問題であれ、
今の状態だけが
あなたといういのちの存在の
すべてではない。

それは、
あなたの一部でしかない。
あるいは、
ひと時の状態にすぎない。

物事は、
永遠には続かない。
必ず、変わる。
変わるのが
この宇宙の法則。

すべてが変化する。
変化することが、
物事の本質。

しかし、
人の思考だけが、
ひとつのこと、
ひとつの状態、
ひとつの時に
留まろうとする。

物事を固定化し、
それを不変のものと
思い込もうとする。

分子レベル、原子レベルで
あなたを見れば、
一秒前のあなたと
今のあなたは違う。
一秒後のあなたも違う。
昨日のあなたと
今日のあなたは違う。

一年後、十年後には
想像もつかないほどの
変化が起こっている。

あなたを取り巻く
状況もまた変わる。
何事であれ、
今の状況の中で
最終決定する必要はない。

今はそれが正しいと
思っていても、
数日後は違う。
今はこれしかないと
思っても、
数年後には
様々な道と答えが現れてくる。

どうにもこうにも
ならなくなったら、
生きやすい所に
移ればよい。

それは逃げじゃない。
緊急の避難だ。
そして、
再び元気が出てくるのを
待てばよい。

動物を見なさい。
彼らは、
病んだり、傷ついたりしたら、
暗い安全な所に引きこもって、
傷が癒えるのを待つ。

待つのは
自然の偉大な薬だ。
自然治癒、
それを信じなさい。

あなたの身体を
信じなさい。
あなたの、身体の中の
叡智を
信頼しなさい。

あなた自身の、
あなたの人生の、
あなたのいのちの力を
信じなさい。

あきらめない。
あきらめない。
夢をあきらめない。

人は、
なりたい者に
なれる。
人は、
やりたいことを
やれる。

あきらめずに
やり続ければ
それは、必ず
そうなる。

あきらめれば
それは去ってしまう。
あきらめなければ
可能性は続く。

もしそれが
あなたにとって
必要なことなら
あきらめない。

大切なことなら
あきらめない。
あきらめる必要はない。

倒れても、
再び立ち上がる。
それがいのちの
本来の姿。

倒れても倒れても
そのたびに立ち上がる。
それがいのちの
本質！

問題は、
何をしたいか、
どうなりたいか、
求めるものをはっきり
心に思い描けるか、だ。

漠然と思っていては
夢は叶わない。
あきらめたら
それも終わり。

病気も
治ることを
あきらめない。
治る努力を
自分でする。

病気、けが、
どんなに苦しくとも
どんなに辛くても
あきらめない。

身体を治すのは
身体自身と自分の信念。
その他のことは、
その助けでしかない。

身体は
治す力を持っている。
自分の身体を信じて
心安らかでいなさい。

そうすれば
治る力が
もっと大きくなる。

治すという目的を
しっかり持つ。
必ず治ると信念を持つ。
そうすれば、
身体はそれに
応えてくれる。

あなたの身体は
宇宙の根源の力を
秘めている。

あなたに信念があれば、
それに応えて全宇宙の力が
あなたの身体の中で
働き始める。

この世を生き抜くには
勇気と智恵が必要。
自分の頭で考え、
自分の心の声に耳を傾け、
やるべきことと
やるべきでないことを
見極めなさい。

生きることは、ひとつのチャレンジ。
人生とは、ひとつのチャンス。
苦痛も苦悩も気づきの機会。
恐れず、不安がらず、
勇気と信念を持って
立ち向かいなさい。

病気や怪我、
失業や失恋、
大切な人や、
ペットとの死別。

人生には、
辛く悲しいこと、
苦しみや痛みがつきもの。
疲れたら、
耐え切れなくなったら、
いったん人生を
休んだらいい。

それくらいは、
人も社会も
許してくれる。
あなたも
それを自分自身に
許しなさい。

人生のリセットを
上手にやって、
そして、
生き抜きなさい。

いのちは逃げない。
人生も逃げない。
あなたの人生を
創るのはあなただから。
あなたは生きることだけ
考えればよい。

自分が生きる場所、
自分の生きるペース、
すべてあなた次第。
あなたはそれを選ぶ
権利と資格がある。

生きなさい。
生き抜きなさい。
自分の人生と
自分の運命を
信じて。

あきらめない。
あきらめない。
いのち、
あきらめない。

いのちは、
魂からやってくる。
魂は身体に宿って
「いのち」となり、
身体を生かし続ける
力となる。

それを人は「生命力」と言う。
いのちの本質は、
生きる、こと。
生きて様々なことを
経験すること。

スピリットである
あなたは、
魂として
その小さな身体に宿った。

生き抜くための
智恵と力と
勇気を携えて。

魂の計画を
すべてやり遂げた時、
はじめてあなたは
この人生に
満足する。

そしてあなたは
身体に感謝し
いのちに感謝し、
微笑みながら
この世を去ることができる。

夢、
あきらめない。
人生、
あきらめない。

いのち、
あきらめない。
あなたは、
生きる！

あなたへ

あなたは生きる！
生きて、生き延びて、
生まれてきてよかった！という
人生を送る。
この世を去るのは、
人生を十分に生き、
人生を全うした後だ。
それまで、あなたは生きる。
生き抜きなさい！

葉 祥明

いのち　あきらめない

2010年10月15日　初版第1刷発行

著者：葉 祥明
カバー写真：葉 祥明
造本・装丁：水崎真奈美（BOTANICA）
発行者：山田雅彦
発行所：株式会社 日本標準
〒167-0052　東京都杉並区南荻窪3-31-18
Tel：03-3334-2620　Fax：03-3334-2623
http://www.nipponhyojun.co.jp/
印刷：小宮山印刷株式会社
製本：大口製本印刷株式会社

ISBN 978-4-8208-0471-0 C0095
Printed in Japan